Celle qui riait quand Dieu parlait

France Quéré
illustrations de Dorothée Duntze

Gallimard Jeunesse

Pour Irène et Elise.

France Quéré
est théologienne.
Elle est l'auteur de
Les Femmes de l'Evangile
(Seuil, 1984),
Jésus enfant (Desclée, 1992)
et *La Famille* (Seuil, 1991).

Responsable éditoriale : Jacqueline Vallon
Maquette : Corinne Leveuf

ISBN : 2-07-056951-9

Numéro d'édition : 63811
Loi n° 49-956 du 16 juillet 1949
sur les publications destinées à la jeunesse
Dépôt légal : Mai 1993
Imprimé en Italie par la Editoriale Libraria

La Chaldée est une région de la Mésopotamie, dont la ville principale est Ur (voir carte p. 6).

En des temps très anciens, vivait à Ur, en Chaldée*, un riche paysan. Il s'appelait Térah* et avait trois fils : Abram, Nahor et Haran.
Haran mourut jeune, laissant un fils, Lot, et deux filles. Plus heureux, Nahor eut douze garçons. Quant à l'aîné, Abram, il s'était marié le dernier. On eût en vain, dans le pays, cherché femme plus belle que Saraï. Mais elle ne lui donna pas d'enfants et tous deux en souffraient. Les fils, à cette époque-là, restaient soumis à leur père, si vieux fût-il. Aussi, quand Térah, sur un coup de tête,

Térah était le neuvième descendant de Noé, l'unique survivant du déluge. Il appartenait à la branche du fils aîné de Noé, Sem, l'ancêtre des Sémites, c'est-à-dire des peuples parlant l'hébreu, l'arabe ou l'araméen.

décida
de quitter Ur et
d'aller vivre dans le
pays de Canaan, où, disait-on, coulaient le lait et le miel, personne dans sa famille ne se demanda s'il n'avait pas le cerveau un peu fêlé. Tous suivirent, sans un mot. La route, longue et brûlante, fatigua Térah. Il renonça à son idée, et fit arrêter la caravane dans une ville nommée Haran, comme le fils qu'il avait perdu. Ses vallons paisibles, ses vergers alentour lui plurent. Il s'y installa.

D'Ur à Haran, Térah et sa famille ont parcouru près de mille kilomètres, sans toutefois sortir de la Mésopotamie. Aujourd'hui, l'emplacement d'Ur est en Irak et Haran en Turquie.

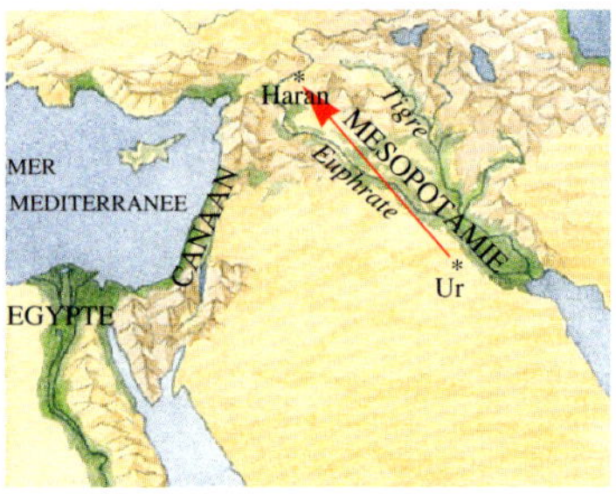

Les fils se remirent à l'ouvrage. Ils semèrent, récoltèrent, remplirent les greniers. Quand le vieux mourut, il leur laissait de grands biens. Saraï participait aux travaux de la terre, et elle essayait de se consoler des enfants qu'elle n'avait pas eus avec la nuée de neveux qui voltigeaient dans ses jupes.

Un soir, Abram revint des champs tout exalté. Il tira sa femme dans un coin :

"Saraï, dit-il, *il me faut quitter la maison paternelle, la famille et cette terre où j'ai mis tant de mon âme et de mes soins.*

Un jour, Abram annonça à Saraï que Dieu leur demandait de partir.

– *Qui te le demande ?* s'inquiéta Saraï.
– *Dieu, tu entends, Dieu m'a parlé ! Sa voix embrasait tout le ciel et, jusque dans mon cœur, elle éparpillait des flammes.*
– *Dieu, vraiment ? Et où iras-tu ?*
– *J'irai où il m'envoie. Je ne sais qu'une chose : je pars."*
Saraï blémit. Elle aimait ce pays, son berceau de collines et la chanson du vent dans les peupliers. Elle leva sur Abram des yeux troublés : rêvait-il, comme feu son père ? Dieu n'avait parlé qu'au premier homme, Adam, et à l'unique juste, Noé. Depuis des siècles, il se taisait. Et c'était pour cet homme de la glèbe, dénué d'enfants, qui ne réussissait que dans la vigne et l'olivier, qu'il sortait de son silence ? Non, ce n'était pas sérieux. Elle ouvrait la bouche pour le raisonner, mais Abram, déjà, était dans la cour et sellait ses ânes. Avec un soupir, Saraï alla plier ses robes.

Dieu, dans la Bible, se fait entendre plutôt qu'il ne se montre. Il parle à l'oreille des prophètes et de ceux qu'il a choisis, ses élus, d'une voix d'emblée intelligible. Parfois, son interlocuteur la confond avec une voix d'homme.

Poussés par une force mystérieuse, Abram...

2

Abram emportait tous ses biens, comme ceux qui s'en vont sans retour : des troupeaux, des ânes alourdis de sa part d'héritage, ses valets et, près de lui, Saraï, la bien-aimée. Une force inconnue les poussait, que les autres appelaient le vent, à leur guise ! Et ils allaient.
C'est vers le rêve inachevé de leur vieux père que Dieu les dirigeait, la riante Canaan*. Déjà ils longeaient des buissons d'aubépines, enfiévrés de pépiements et de vols d'insectes, quand Abram se pencha vers Saraï. La voix divine, à nouveau, avait chuchoté à son oreille : *"A ta*

Canaan est le nom donné à la terre promise par Dieu à Abram et à ses descendants. La contrée s'étend sur l'emplacement actuel d'Israël et du Liban (carte p. 6).

postérité je donnerai ce pays."* Des enfants, un pays, ou plutôt, un fragment de paradis laissé à leur intention sur la terre... Cela ressemblait trop à un songe. Saraï souriait intérieurement. Mais lui restait impassible, l'œil perdu dans l'azur. Deux fois, au cours des haltes, il s'enfonça dans un ravin pour ramener de lourdes pierres, et de ses mains, il construisait un autel. Saraï le regardait. Depuis que Dieu avait parlé, elle lui découvrait un visage qu'elle ne connaissait pas. Ce compagnon si proche abritait un étranger. Il semait en elle des étonnements mêlés d'obscure confiance. Et puis, la sobre phrase martelait ses tempes : *"A ta postérité je donnerai ce pays."*

Ils marchaient toujours, foulaient des pentes argentées d'oliviers, escaladaient de farouches solitudes de pierres hantées par les aigles, bivouaquaient au pied de villages crénelés. A l'horizon, les plaines du Neguev brillaient comme un lac de neige. On approchait de l'été. La chaleur

La *postérité* désigne l'ensemble des personnes qui ont un même ancêtre. Il s'agit donc ici des descendants d'Abram.

Construire un autel était à la fois rendre hommage à la divinité et s'approprier le sol. Abram signale ainsi son territoire à mesure qu'il va vers le sud.

"Dieu apparut à Abram et dit : "C'est à ta postérité que je donnerai ce pays." Et là, Abram construisit un autel à Dieu qui lui était apparu." (Bible, Genèse, 12, 7)

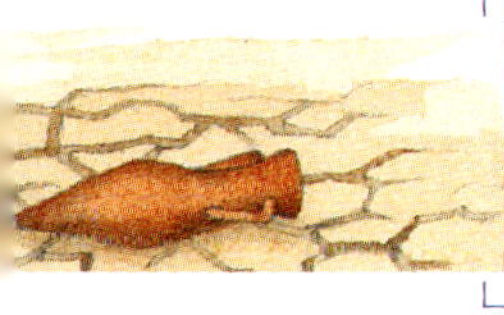

Mais, épuisés, affamés, ils doivent se réfugier en Egypte...

s'exacerba. L'herbe prit la couleur de la paille. Les troupeaux dépérissaient, les vivres s'épuisèrent. Etait-ce là l'offrande jurée à Abram : des roches calcinées, un ciel de plomb fondu, les tourments de la soif ?

Mais le chef de la caravane ne se démontait pas. *"Continuons vers le Sud,* ordonna-t-il. *L'Egypte n'est qu'à peu de journées, avec ses fruits et ses eaux vives."* Ils avancèrent, courbés par la fatigue, et un matin, ils lurent, écrite sur l'horizon en lettres vertes, la fin de leur épreuve : des palmiers, des tours, le damier des blés et des pâturages. Abram saisit le bras de Saraï : *"Ce pays,* dit-il, *est notre refuge, mais jamais il ne sera notre patrie."* Son regard se fit à la fois doux et inquiet : *"Saraï, tu es la plus belle des femmes. Qu'un Egyptien s'éprenne de toi, et il m'égorgera avant de t'épouser, c'est une prudence élémentaire. Fais-leur croire que tu es ma sœur : je cesserai alors de leur être un rival ombrageux ;*

La ruse d'Abram n'est pas dictée par son intérêt personnel. Il tient à accomplir la promesse que Dieu lui a faite et, pour cela, il doit rester en vie.

L'histoire n'a pas retenu le nom de ce pharaon. Il prit Saraï dans son harem pour sa beauté mais aussi, peut-être, pour s'initier à sa religion.

ils laisseront la vie sauve au frère de celle qu'ils aiment." Ce calcul était juste. Partout où passait Saraï s'élevait un murmure de louanges. La nouvelle de sa venue se répandit. Dans son palais, le pharaon* n'eut de cesse qu'on lui amenât la jeune beauté. Quand elle parut devant lui, il tressaillit de bonheur. *"Elle sera ma femme"*, dit-il, et il la conduisit aussitôt dans ses appartements. Le prétendu frère fut traité avec les honneurs. Il disposa de jardins privés, de troupeaux, d'ânes à pompons, d'esclaves chasse-mouches.

Ainsi vécurent-ils, séparés et enchaînés à des faveurs qu'ils haïssaient tous deux. Dieu, là-haut, s'impatienta. Avait-il élu Abram pour le bon plaisir d'un impie* ? Des calamités s'abattirent sur le monarque qui avait arraché le serviteur de Dieu à ses amours et à sa mission. La grêle détruisit les récoltes, le vent arracha la toiture du palais, le vin tourna dans les caves et le souverain fut pris d'une mystérieuse

Selon un historien de l'Antiquité, Hérodote, les Egyptiens étaient *"les plus religieux des hommes"*. Ils adoraient une multitude de dieux, dont certains étaient des animaux ou moitié hommes-moitié animaux. Ces cultes horrifiaient les Hébreux. Les Egyptiens étaient à leurs yeux des impies.

Une prison dorée, à laquelle ils échappent grâce à l'intervention divine.

La tradition juive interprète la résignation de Saraï comme l'unique façon qu'elle avait de sauver la vie d'Abram.

langueur devant laquelle les médecins se déclarèrent impuissants.

Ces fléaux l'aiguillèrent vers la vérité. Il convoqua Abram : *"Pourquoi m'as-tu caché que Saraï était ta femme ? Victime de ta perfidie, j'ai cru qu'elle était ta sœur. Je l'ai prise chez moi. Le droit m'y autorisait. Trouves-tu normal que j'expie une faute que je n'ai pas commise ?"*

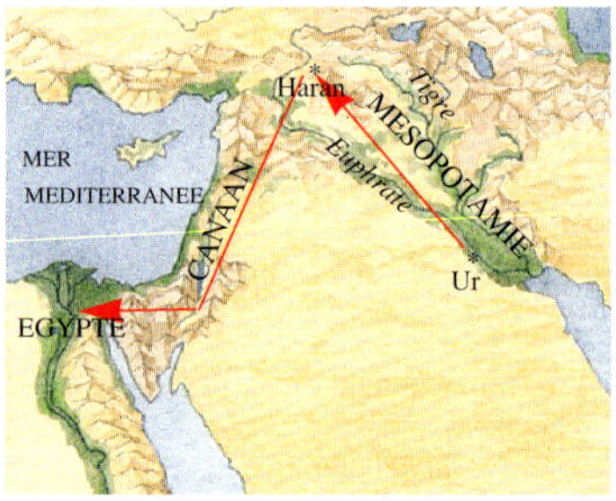

Abram l'écoutait à peine. Depuis que Dieu l'entretenait en secret, l'écho de la voix majestueuse couvrait tous les propos des hommes. Mais il dressa l'oreille quand le pharaon poursuivit : *"Je ne puis te châtier : le ciel te protège et il me frapperait sans merci. Reprends donc ta femme, la voilà, et disparais de devant ma face ! Une escorte est au bas de l'escalier. Elle te conduira aux frontières."*

Abram réprima avec peine un frisson de joie. Il n'attendait que ce congé. Il reprit Saraï, alerta ses équipages et la troupe, une fois de plus, s'ébranla.

Les juifs, et d'autres religions, imputaient à une faute humaine les malheurs qui frappaient les hommes. Dieu était ainsi innocent du mal subi par ses créatures. Ce que les hommes enduraient était donc l'expression de la justice divine et leurs sentiments religieux n'étaient pas ébranlés.

Abram est d'une sérénité parfaite. Il n'a qu'un seul souci : accomplir la promesse de Dieu.

Les voilà qui repartent en direction de Canaan, la terre promise par Dieu.

Nomades à nouveau. Les premiers jours furent un enchantement. Ils foulaient, pieds nus, une terre libre. Le matin mariait devant leurs regards l'infini des sables et l'infini des cieux. Le soir les enroulait dans l'écharpe du vent. La nuit les abreuvait à ses rosées d'étoiles. Une bénédiction planait sur eux comme une nuée.

Aussi Saraï ne s'étonna-t-elle pas quand Abram lui confia, à une étape, que Dieu avait encore parlé. C'était dans l'air.

A cette époque, dans ces régions où la vie reposait essentiellement sur l'élevage, il fallait toujours se déplacer à la recherche de nouveaux pâturages, et les nomades étaient nombreux.

"A-t-il recommencé ses annonces de postérité et de propriétés ? demanda-t-elle.
– Ne te moque pas. Sa voix était comme une arche par-dessus le ciel. Elle décuplait ses promesses. Elle évoquait des multitudes issues de moi et des contrées magnifiques, dont je serai le maître."
Mais la route devint rude. Saraï réfléchissait. Voici des mois que Dieu les faisait marcher, de promesse en promesse : que de déserts traversés, de rivières et de cols franchis, d'épreuves et de patiences acceptées ! Et, à ce jour, qu'avaient-ils reçu d'un Dieu pour elle muet ?

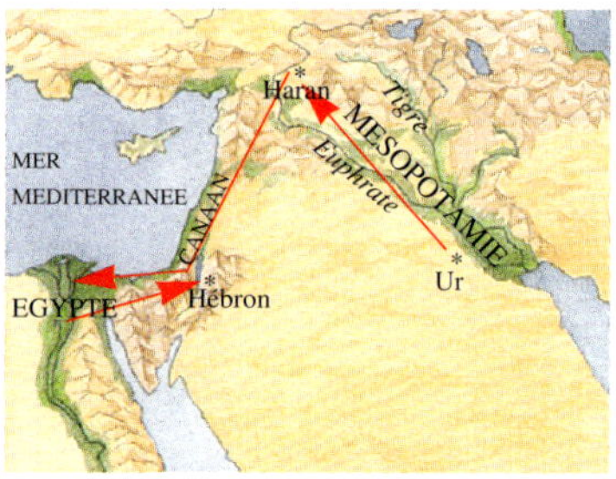

Elle renfonça ses doutes en son âme et ne questionna pas son époux; mais, lorsque, furtivement, elle le dévisageait, elle continuait à voir luire dans ses yeux le fond du ciel. Sur sa face, toujours ce rayon inconnu. C'était impossible qu'Abram ne fût pas dans la vérité de Dieu. Elle reprit courage. Et elle marchait à ses côtés, malgré sa lassitude, d'un bon pas, simplement à cause du regard qu'il avait et de la main puissante qu'il appuyait parfois sur son épaule.
Quand la ville d'Hébron dressa devant eux ses murailles, Abram décréta qu'ils étaient arrivés. Il résiderait dans la

Abraham entendra au total sept promesses de Dieu, qui alternent toujours avec des épreuves qu'il franchit victorieusement. La troisième promesse le récompense d'avoir laissé son neveu Lot prendre son indépendance et choisir son territoire. Le jeune homme opta pour les plaines irriguées du Jourdain. Abraham prit le reste.

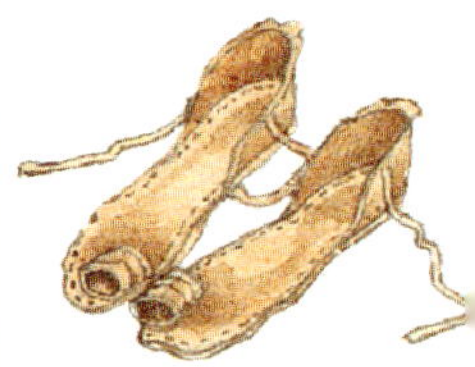

proche campagne et il choisit un endroit abrité par une allée de chênes. L'herbe était drue. Il enfonça les piquets de ses tentes, et à l'écart, entassa de grosses pierres : son troisième autel.

Ce lieu s'appelait Mambré. La tradition le localise à trois kilomètres au nord d'Hébron.

En peu d'années, il prospéra. Ses terres s'étendaient jusqu'à l'ondulation fauve du désert. Dans les silos, coulaient le vin, l'huile, le blé. Il possédait de grands troupeaux. Ce seigneur paysan se doublait d'un capitaine et d'un sage. Avec une petite troupe, il dispersait les pillards et repoussaient les envahisseurs. Ses ennemis le redoutaient, ses voisins briguaient son amitié. Il réconciliait les disputeurs, calmait les violents, réparait les injustices. Sa réputation grandissait. Abram était puissant et bon.

Abram avait conquis d'immenses territoires, repoussé les assauts des roitelets voisins, qui avaient pris les possessions de son neveu Lot, délivré ce dernier et rétabli la concorde.

Les années passèrent, lacérant de leurs griffes le beau visage de Saraï. Leurs cheveux avaient blanchi. Parfois, l'épouse d'Abram chancelait, en proie à d'irrépressibles remords. Elle lui

disait : *“Mon corps est un désert, le tien une armée en marche. Mon âme se consume, mais de toi émane un souffle venu des cimes... Et je n’ai pas su rendre père celui dont Dieu a fait son serviteur !...”*

Un jour où elle se plaignait plus que de raison, il la prit par la main et la fit sortir du campement. La nuit moissonnait ses étoiles. *“Tu les comptes, toi, ces grains d’or ?* lui demanda-t-il. *Dieu m’a juré que ma descendance serait comme les constellations.”* Et sa voix encourageait Saraï avec une surnaturelle douceur.

Les promesses sont des paroles pour demain. Elles entraînaient le vieillard vers le futur. Celui qui, comme Abram, porte haut son avenir, celui-là demeure dans la jeunesse. Abram avait gardé intactes sa force et sa stature. Saraï, au contraire, fléchissait sous le poids des ans. *“Trop tard,* gémissait-elle. *J’ai l’âge d’une grand-mère, pas d’une mère. Mais le temps a glissé sur mon compagnon sans le blesser. Tout pour lui demeure possible.”*

Saraï ne veut plus attendre passivement.

Une idée germa dans la tête de Saraï : *“Au fait, pourquoi avons-nous attendu l'arrivée d'un enfant ? C'est peut-être Dieu qui nous attend ! Nous nous sommes mal compris.”* Elle aborda Abram : *“Je suis trop vieille à présent. Ta postérité ne peut venir que d'une femme jeune. Va donc trouver Agar, ma servante égyptienne ; elle a quinze ans. Prends-la avec toi. C'est l'unique façon pour moi d'être mère.”*

Abram acquiesça. L'expédient servait son vœu éternel de paternité. Il accueillit la jeune servante. Et quand

L'idée de Saraï n'avait rien de saugrenue, à l'époque. La loi mésopotamienne autorisait une épouse stérile à donner une esclave à son mari pour qu'il ait une descendance. L'épouse pouvait reconnaître ces enfants comme les siens.

Saraï apprit que celle-ci était enceinte, sa joie fut grande. Hélas, peu de temps ! L'exploit tournait la tête d'Agar. Elle se sentait la vraie mère, et elle l'était ; elle se croyait aussi la véritable épouse d'Abram, liée à lui par l'enfant de leur chair. A mesure que s'arrondissait son sein, elle prit de l'insolence. Elle passait devant sa maîtresse sans la voir, restait sourde à ses ordres et bientôt lui en donna elle-même, d'aigres et de persifleurs. Saraï endura ces vexations en silence, mais un jour elle éclata : *"Es-tu ici le maître ou non ?* cria-t-elle à Abram. *Pourquoi ne remets-tu pas cette servante à sa place ? Loin de me remercier de l'honneur qu'elle me doit, elle m'outrage, et toi, tu feins de ne rien remarquer !"*

Toutes les initiatives de Saraï sont précédées d'une requête auprès d'Abram. Même ici, où elle est en colère contre lui, elle garde son attitude de soumission.

Abram avait gagné des batailles, ramené la justice dans tout le pays, mais rien ne le fatiguait autant que des querelles féminines. Pour ne pas avoir à intervenir personnellement, et peut-être parce que la grande voix intérieure l'y invitait, il répondit : *"C'est ta servante, disposes-en à ta guise."*

Saraï ne se le fit pas dire deux fois. Elle revint auprès d'Agar et tira les oreilles de l'effrontée d'une main si rude que la servante s'échappa, droit vers le désert.

L'ange du Seigneur la rattrapa, tout essoufflée : *"D'où*

Agar, instinctivement, se sauve au sud, vers le désert, qui la rapproche de sa terre natale, l'Egypte.

viens-tu, jeune biche, et où cours-tu ?
– Je me suis enfuie de chez ma maîtresse Saraï.
– Retourne à la maison, immédiatement ! Quant à jouer les princesses hautaines, ne t'y risque plus. Ce n'est pas un droit de la maternité. Servante tu es, servante tu restes."

Agar parut dépitée. L'ange se radoucit. Il lui glissa qu'elle n'aurait pas à rougir de sa descendance : elle serait nombreuse. *"Donne à ton fils le nom d'Ismaël, qui signifie "Dieu entend". Ainsi te rappellera-t-il que Dieu a eu pitié de toi."* Puis, mystérieusement, il ajouta : *"Ce garçon sera une sorte d'onagre. D'humeur farouche et rebelle, il tiendra tête, seul, à tous ses frères. Son courage fera ta fierté."*

L'onagre est une espèce aujourd'hui disparue. Intermédiaire entre l'âne et le cheval, c'était un animal farouche et quasi indomptable. Il annonce ici la vie errante, libre et solitaire que mènera Ismaël à travers le désert.

La servante rentra au bercail, de mauvais gré. La naissance d'Ismaël ne dissipa guère le fond de maussaderie qui l'habitait.

Treize années s'écoulèrent. Abram et Saraï étaient riches, admirés, recrus de jours. L'enfant Ismaël croissait en taille et en force. Mais tandis que Saraï sentait monter silencieusement le grand soir, Abram conservait son invincible jeunesse. Il disait fermement que Dieu n'avait pas encore tenu parole, et il attendait, debout, à la fois

Tranquille et confiant, Abraham sait que Dieu réalisera ses promesses.

Dieu en avait dit plus à Abram. Il avait promis une alliance éternelle avec sa descendance et ordonné la circoncision en signe de cette alliance. Il avait béni Saraï et annoncé qu'elle aurait un fils d'où sortirait la lignée promise.

humble et sûr. Il avait raison. La foi, c'est de croire toujours aux nouveaux sourires de la vie.

"Sais-tu, Saraï, ce que Dieu m'a dit ce matin ?

– Dis toujours.

– Il réalise enfin ce qu'il répète depuis la moitié d'un siècle. Et en signe de cette action imminente, il exige que nos deux noms soient modifiés. Moi, ce sera Abraham. Toi, Sarah."

Il borna là son message.

Abram signifie le *père sublime* et *Saraï* : *ma princesse*. *Abraham* prend le sens de *père fécond* et *Sarah* de *princesse pour tous les vivants*. Cette transformation s'adapte à l'avenir grandiose qui les attend.

Un beau jour, trois hommes se présentent chez Abraham.

Abraham s'acquitte de tous les rites de l'hospitalité qui incluent toilette, repos, nourriture. Il offre à ses hôtes des mets abondants et raffinés, procède lui-même au service, restant debout tandis qu'ils dînent, et les raccompagne quand ils partent.

Dieu ne montre jamais sa face. Ses élus le voient "indirectement", par exemple à travers des flammes, des nuées, une légère brise… ou trois hommes, comme ici. Ni Abraham ni Sarah ne le reconnaissent tout de suite. Dieu étant invisible, c'est un sacrilège que de le représenter par des images sculptées ou peintes

Midi lance ses langues de feu. Abraham est assis à l'entrée de son campement, quand il voit trois hommes approcher. Il se lève, se hâte à leur rencontre, se prosterne et leur offre son hospitalité.

Pendant que les voyageurs se reposent à l'ombre du chêne, Abraham court prévenir sa femme : *"Vite, Saraï, prends trois boisseaux de farine, pétris des galettes et fais-les cuire."* Puis il va choisir dans le pâturage le veau le plus tendre et il charge son serviteur de le préparer aussitôt. Quand c'est fait, il le sert lui-même

L'an prochain, Sarah aura un enfant, annoncent-ils.

avec une jatte de caillé. Il reste debout, à leurs côtés, tandis que dînent ses hôtes.
"Où est Sarah, ta femme ? interrogent-ils.
– Dans sa tente."

L'un des trois annonce : *"Je reviendrai l'an prochain. Elle aura un enfant."*
Blottie derrière le rideau de sa tente, Sarah tend l'oreille. A la dernière parole de l'inconnu, elle s'esclaffe : *"A moi, un enfant ? Mon maître et moi sommes deux vieillards. Est-ce l'âge des amours et des nids ?"* Et le rire qui la secoue a la violence d'un sanglot.

Le voyageur fronce le sourcil : *"Pourquoi a-t-elle ri ? Ne croit-elle pas à l'aube, à l'amandier en fleurs, à la jeunesse impérissable du monde, aux forces de résurrection qui travaillent les choses de la terre ? Elle y tient tant que ça, à ses rides ? Rien ici-bas n'est si beau que Dieu ne puisse l'accomplir ! Je répète : rendez-vous ici même dans un an. Sarah bercera son nouveau-né."*
Une parole a changé l'herbe sèche de son malheur en une pluie de roses. Sarah vient de reconnaître dans le messager la voix de Dieu. Ce n'est déjà pas trop poli de rire au nez des invités. Mais ce doute devant l'interlocuteur suprême !

Ces paroles du visiteur seront reprises par l'ange Gabriel lorsqu'il apprend à Marie, la future mère de Jésus, que sa cousine Elisabeth, très âgée, aura bientôt un fils.

Quelle honte ! Comme une enfant prise en faute, elle nie : *“Non, je ne riais pas.*

– *Sarah, tu riais”*, reprend l’inconnu, avec, aux yeux, un éclair de malice. Il ne lui en veut pas : c’est la première fois que Sarah entend parler le Seigneur ; cela peut rendre maladroit !

Les visiteurs se retirent, reconduits par Abraham. Sarah devient grosse. A la saison dite, naît un beau garçon. Abraham l’appelle Isaac*, l’enfant du sourire. Sa mère est nonagénaire, si l’on en croit l’arithmétique. Mais le grand âge s’est retiré d’elle. Sarah a retrouvé l’éclat de son teint, sa lourde chevelure aux reflets de lune.

Isaac signifie : *Que Dieu sourie.*

Le rire, dit-on, c'est la santé. Mais l'amour, c'est la vie éternelle. Comme toutes les mères, elle va et vient, frémissante, à l'affût du moindre cri, ravie par les joies inépuisables de la maternité. Son existence finit par ce qui aurait dû la commencer. Mais qui sait si telle n'est pas la règle inconnue du monde ? Il suffit de regarder les lueurs d'aurore que jette le soir…

Toute la vie, jusqu'à son dernier jour, a des gaietés d'enfance. Sarah s'en explique à qui veut bien l'écouter : *"Dieu a versé son rire dans mon cœur. Je l'entends au fond de mes rêves, dans l'or de la vigne, dans l'aube clémente, dans les murmures d'étoiles."* Et tous, en l'écoutant, lui sourient.

Sarah s'inquiète : Ismaël ne va-t-il pas déposséder Isaac de ses biens ?

Selon la loi des Hébreux, l'aîné hérite du père, même s'il vient d'une épouse moins aimée que les autres.

L'enfant grandit. Quand il est sevré, Abraham donne un banquet. Tous ses amis sont de la fête. Et tandis que tintent les coupes et fuse la gaieté, Sarah aperçoit Ismaël. Il joue avec le petit Isaac.

Elle sursaute. Ismaël, naguère appelé par le plus ardent de ses vœux, fait aujourd'hui son tourment. Elle se reproche d'avoir poussé Agar dans les bras de son époux. Elle tremble surtout que l'adolescent, en sa qualité d'aîné*, n'évince plus tard Isaac et n'usurpe l'héritage. Bref, elle n'en veut plus. Elle se glisse auprès du

patriarche : *“Chasse cette servante et son fils ! S’ils restent ici, ils dévoreront la part de notre petit Isaac.”*
Le conseil afflige Abraham. Ismaël est son fils, autant qu’Isaac. Il se débat la nuit avec son angoisse quand Dieu lui parle à mi-voix : *“Ne te tourmente pas, Abraham. Cède aux volontés de Sarah. Derrière son parti-pris se cache mon dessein. Je n’abandonnerai pas le fils de la servante, il deviendra le père d’une grande nation, mais c’est par Isaac que ta descendance perpétuera ton nom.”*
Abraham se lève, tristement. Il prépare un sac de vivres, une outre d’eau pure, puis il appelle Agar et Ismaël. Il leur remet les provisions, dépose un baiser au front de l’adolescent, et ouvre la porte. Le désert, là-bas, tremble dans la chaleur de l’été. Agar serre contre elle le jeune garçon et s’éloigne à pas pressés. Sur le seuil, le vieillard regarde, pensif, les deux ombres s’enfoncer dans les solitudes de Bersabée. De tous les commandements que Dieu lui a envoyés, celui-là lui brise le cœur.
La malheureuse, évidemment, s’égare. Les vivres épuisés, la soif les tenaille tous deux. Dans son désespoir, sûre d’une double mort, elle abandonne son fils sous un buisson, profitant de son sommeil, et va se cacher à un jet

Abraham est aujourd'hui considéré comme le père des juifs, des chrétiens, et des musulmans.

Il s'agit du désert de Bersabée (ou Beer Sheva), au nord du Neguev.

Agar et son fils partent dans le désert… Mais Dieu veille.

de pierres. Assister à l'agonie du petit, non jamais. Dieu entend ses pleurs. Il se souvient de l'assistance qu'il a jurée à Abraham. Il crie : *"Debout! ma fille. J'ai pitié de ta détresse ! Va chercher ton enfant. J'en ferai une grande nation."* Agar se frotte les yeux. Une source luit faiblement entre les ronces. Elle ne l'avait pas vue. Elle remplit son outre et court désaltérer Ismaël.

Dieu les garda tous deux dans le creux de sa main. Ismaël se fortifia. Il apprit à lire dans le grand livre du désert. Il connut les points d'eau, les cavernes, les massifs d'épineux, les passages d'animaux et le trajet des chameliers. Il fit son toit de l'azur illimité, ses murs des éperons rocheux. Il devint habile au maniement de l'arc, et ses flèches l'établirent maître du désert. Sa mère le maria à une fille d'Egypte. Il fut heureux et eut beaucoup d'enfants.

Ismaël aura douze fils, qui donneront les douze tribus arabes. On dit qu'il vécut cent trente-sept ans.

La source que Dieu fit jaillir dans le désert pour sauver Ismaël est vénérée par les musulmans, qui s'y rendent lors du pèlerinage à La Mecque. Ils attribuent à cette eau, dite de Zemzem, des vertus curatives.

Tandis que Sarah, éblouie, contemple en son fils le sourire de Dieu.

Selon une tradion juive, la *Chekhira*, ou présence divine, plana au-dessus de la demeure de Sarah, sous la forme d'un nuage, et ne disparut qu'à sa mort.

A Hébron, dans le pays de Canaan, une autre mère cajole un autre enfant. On ne sait rien sur ces années de croissance. Laissons Sarah filer en paix son œuvre d'amour. L'épouse si longtemps déçue a percé le secret d'Abraham : elle devinait en lui plus grand que lui. Maintenant, elle décèle, en son cœur aussi, une présence qui l'aime. Elle n'a jamais été seule, même au temps de ses doutes, même au creux de ses fatigues, Dieu l'avait déjà touchée de son aile, mais si délicatement qu'elle n'y avait pris garde. Elle ne pressentait cet amour que sur le visage d'Abraham et dans le rêve inébranlable que Dieu lui avait mis dans la tête en lui parlant d'un peuple dont il serait le père. Aujourd'hui, ce n'est plus un rêve : ce peuple, elle le voit, elle le touche dans la chair de l'enfant, dans l'enfant de sa chair.

Sarah mourut à Hébron, à l'âge de cent vingt-sept ans. Abraham acquit le champ d'Héphron, près de Makpela, et y enterra Sarah, dans une grotte. Il la rejoignit, trente-huit ans plus tard.

“Le mont Sinaï n'est que fumée, parce que le Seigneur est descendu dans le feu. La fumée monte comme une fournaise, toute la montagne tressaille violemment.”
Exode 19, 18

Moïse, après avoir libéré son peuple – les Hébreux – de l'esclavage en Egypte, le mène à travers le désert. Sur le mont Sinaï, il reçoit de Dieu les Tables de la Loi.

D'où vient l'histoire de Sarah ?

Qu'est-ce que la Bible ?
L'histoire de Sarah est racontée dans la Bible, le livre saint des religions juive et chrétienne. La Bible (du grec *biblia*, qui signifie *livres*) rassemble des volumes écrits à différentes époques (entre le XIe s. avant J.-C. et le Ier s.) et appartenant à plusieurs genres littéraires : récits, contes, textes de loi, psaumes, prophéties…
Les chrétiens ajoutent à la Bible juive le *Nouveau Testament*, qui contient les Evangiles et les témoignages des premiers apôtres sous forme de récits ou de lettres (les *épîtres*).

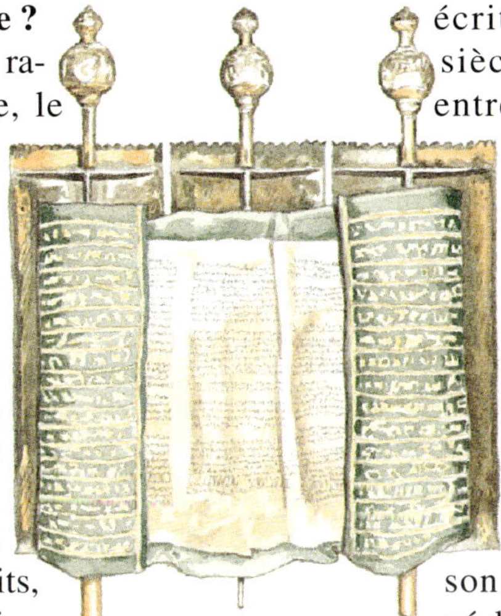

Rouleau de la *Torah* (p. 34)

La Genèse
L'histoire de Sarah est tirée du premier livre de la Bible, la *Genèse*, écrit durant plusieurs siècles, probablement entre le IXe et le Ve s. avant notre ère.
Les onze premiers chapitres de la Genèse évoquent la création du monde en sept jours, la faute d'Adam et Eve et leur expulsion du paradis, le meurtre d'Abel par son frère Caïn, les généalogies de patriarches, le déluge dont seule la famille de Noé échappe, les alliances que Dieu conclut avec lui, les rêves fous de la tour de Babel et la dispersion de l'humanité aux quatre coins du monde.
Puis commence l'histoire d'Israël qui se découpe en trois cycles : celui d'Abraham, celui de Jacob, et celui de Joseph et de ses frères.

La tour de Babel s'inspire des *ziggourats,* ces immenses tours pyramidales à étages, dont des vestiges ont été retrouvés en Mésopotamie. Leurs escaliers semblaient vouloir atteindre le ciel. C'est ce que visaient les hommes avec la tour de Babel. Dieu punit ce projet orgueilleux en les dispersant sur toute la terre et en créant de nombreuses langues afin qu'ils ne se comprennent plus.

"Dieu m'a donné de quoi rire !
Tous ceux qui l'apprendront me souriront..."
Genèse 21, 6

Sarah dans la Bible

Dans les grottes de Qumran, près de la mer Morte, des bergers ont trouvé, en 1947, des manuscrits de la Bible datant du Ier s., les *rouleaux d'Isaïe*.

En haut de page : juifs portant le *talit*, châle réservé à la prière.

Marie (à droite) est très respectée dans l'islam en tant que mère de Jésus, qui est honoré comme un grand prophète.

Sarah inaugure la série des *matriarches*, ces grandes dames de la Bible qui sont à l'origine d'une lignée prestigieuse.
Le judaïsme (la religion des juifs) la regarde comme la mère du *peuple élu*, le peuple hébreu que Dieu a choisi pour conclure son alliance avec les hommes : "*Regardez Abraham votre père,* dit le prophète Isaïe, *et Sarah qui vous a mis au monde.*" (Isaïe 51, 2).
Pour les chrétiens, elle préfigure la Vierge Marie. L'islam reste silencieux envers celle qui a éconduit Ismaël, l'ancêtre de la lignée arabe. Agar y est également peu honorée, sinon comme la mère d'Ismaël.

La femme au temps de Sarah

Une phrase de la Genèse résume la fonction de la femme : "*Eve devint la mère de tous les vivants*" (Genèse 3, 20). Dans tous les territoires où évolue Abraham, du nord de la Mésopotamie à l'Egypte, un culte est rendu à des divinités mères, ce qui confirme ce rôle de la femme.
La stérilité est donc la malédiction suprême et justifie la répudiation. Dans le monde juif et arabe, l'homme peut, en effet, rompre le mariage et renvoyer sa femme dans certaines conditions, la principale étant sa stérilité. Abraham n'y a pas recours. Il faut même que ce soit Sarah qui lui souffle une solution de remplacement avec Agar !
La maternité est entourée d'une vénération religieuse, qui nous renseigne sur la situation des femmes au sein de la famille et de la société. Probablement, au troisième millénaire, cette place était éminente.
Elles pouvaient être polyandres (épouser plusieurs hommes), être prêtres ou souveraines. Le luxe des sépultures féminines découvertes en Asie Mineure est sans comparaison avec celles des hommes et témoigne de la considération dont les femmes jouissaient.

Le judaïsme est fondé sur la foi en un dieu unique.

Jeune juif lisant la *Torah* (les cinq premiers chapitres de la Bible).
Le texte, copié à la main, est enroulé sur deux hampes.

Les petites statuettes féminines, au centre, ont été découvertes dans la région côtière de l'ancienne Canaan. Elles datent du VIIIe s. av. J.-C. et étaient offertes à Astarté, la déesse de la Fertilité. Elles montrent des seins gonflés, symboles de prospérité et de fécondité.

Une époque dite patriarcale
C'est une période où l'autorité masculine est très forte, ce qui apparaît alors comme un progrès. Abraham est monogame (il n'a qu'une épouse), comme l'exige la société dont il provient, mais il n'use pas du droit qu'elle admet d'associer à son foyer des concubines, sauf quand Sarah, son épouse légitime, l'y invite. Sarah lui est soumise et l'appelle son *seigneur*. Abraham s'honore des conversations divines et il détient sans conteste le gouvernement en matière de religion, de politique et de famille.

Bijoux en or et cornaline trouvés dans une tombe de femme cananéenne (de Canaan).

Dans la Bible, Dieu demande à l'homme, créé à son image, de fonder une famille et de procréer, ce qui valorise le rôle de la femme.

La femme, gardienne du foyer
Dénuées de droits juridiques et politiques, les femmes concentrent leur influence sur leur foyer, leur maison. Tout, en somme, dépend d'elles. "*La sagesse des femmes édifie la maison ; leur folie la renverse de ses propres mains*", disent les Proverbes bibliques. Elles exercent, comme Sarah, une influence décisive sur leurs époux.

Une égalité devant Dieu
Le Dieu de la Bible pose le même regard sur tous les êtres humains, qu'ils soient hommes ou femmes, enfants ou vieillards, juifs ou étrangers, seigneurs ou manants.
Abraham s'incline devant les requêtes de Sarah, peut-être parce qu'il subit l'effet irrésistible de son charme, mais surtout parce qu'il décèle, dans ses désirs, l'expression de la volonté de Dieu. Celui-ci associe à ses entreprises l'homme aussi bien que la femme.

Un *patriarche* désigne, dans la Bible, un chef de famille.

Cette tête de femme représente la déesse de la Fertilité, Astarté, vénérée en Canaan. Son lieu de culte se trouvait à Byblos.

Ishtar, la déesse de la Fécondité en Mésopotamie, est représentée avec un vase qui évoque l'eau de vie. (D'après une sculpture du IIIe millénaire, trouvée à Mari, sur l'Euphrate.)

"Abraham, illustre ancêtre d'une multitude de nations.
Nul ne lui fut égal en gloire."
Ecclésiastique 44, 19

Qui était Abraham ?

Ce bas-relief de Mésopotamie représente une musicienne de l'époque d'Abraham.

A quelle époque a-t-il vécu ?
Le récit biblique l'enfonce dans la nuit des temps, à dix générations seulement du déluge. Mais les historiens hésitent : vivait-il au temps des Rois (Xe s. avant J.-C.) ? Au retour de l'Exil (VIe s. avant J.-C.) ? Ou, bien avant, au cœur du deuxième millénaire ? La dernière hypothèse est, toutefois, privilégiée, ce qui le situerait aux alentours de 1800 avant J.-C.

Le cadre
Le théâtre de notre récit, facile à localiser sur la carte (voir p. 6), réserve lui aussi des mystères. Pourquoi les auteurs font-ils naître Abraham à Ur ? Pourquoi Térah s'arrête-t-il à Haran au lieu de gagner Canaan ? Le texte biblique ne nous le dit pas. Térah a-t-il élu cette cité parce qu'elle porte le même nom que son plus jeune fils, mort prématurément ?
Ur et Haran présentent des points de ressemblance : situées au cœur de plaines fertiles, ce sont des carrefours de voies importantes et des centres commerciaux prospères ; leurs lieux de cultes sont dédiés aux mêmes divinités lunaires : le dieu Sin et la déesse Nin-Gal, empruntés à la mythologie de Sumer.

La foi d'Abraham
Abraham est né et a vécu sur une terre *idolâtre*, à la fois *polythéiste* (on rendait des cultes à une multitude de dieux) et animiste (on divinisait les forces de la nature). Il obéit à une voix intérieure qui lui promet une grande nation. Comme son fils Isaac, il résidera à Béthel, Sichem, Hébron et Beersheba, exception faite du séjour en Egypte et des expéditions guerrières contre cinq rois.
Il jonche sa route d'autels. C'est un acte de conquête, mais aussi une profession de foi : il implante ainsi le culte du dieu unique. *"Au sein des civilisations polythéistes ou animistes où elle naît, la culture des Hébreux apparaît être un défi aux divinités déchues et aux régimes sociaux qu'elles légitimaient."*
(André Chouraqui)

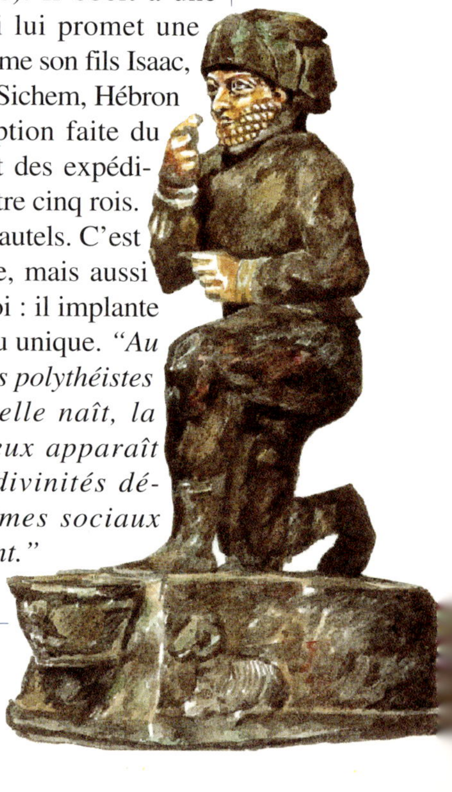

En haut de page : cérémonie d'offrandes devant un petit autel, d'après un bronze du XIIe s. av. J.-C., provenant de Suse (Mésopotamie).

En bas, à gauche, un roi porte un agneau en offrande à un dieu.

Personnage invoquant une divinité, d'après un bronze du XVIIIe s. av. J.-C.

Etendard d'Ur, panneau de bois, dont une face évoque la guerre (bataille de chars, en haut) et l'autre la paix (scène de banquet).
Ces deux thèmes sont aussi associés sur cette plaque d'ivoire (ci-dessous) provenant de Megiddo, en Canaan.

Sommet d'une stèle où Hammourabi, fondateur de l'Empire babylonien, fit graver des arrêts de justice, et qui le représente, debout devant le dieu suprême Mardouk, qui lui donne les insignes du pouvoir. (IIe millénaire av. J.-C.)

La lutte contre les nations impies
Cela occupe tout le livre de la Genèse. La famille d'Abraham y participe, chacun dans son domaine : les hommes par leurs campagnes militaires et leur prise de possession des sols ; les femmes, par leur fécondité et leur attachement passionné à la lignée que Dieu a élue.
C'est dans cette perspective qu'il faut comprendre l'impitoyable jalousie de Sarah à l'égard d'Ismaël, le fils de l'Egyptienne Agar. Dans son enfant, Sarah poursuit le plan de Dieu. Comme Abraham, elle se fait l'artisan de l'Alliance qu'il a conclue avec les hommes. Un texte de l'époque des premiers chrétiens, l'Epître aux Hébreux, loue la foi de Sarah : *"C'est par la foi que Sarah reçut le pouvoir d'enfanter bien qu'elle eût passé l'âge, parce qu'elle est restée fidèle à celui qui avait promis"* (Héb. 11, 11).

Avant Abraham et Sarah
Les hommes, ou bien transgressaient les limites que Dieu leur avait assignées, comme Adam, Caïn, les ouvriers de la tour de Babel... Ou bien ils bénéficiaient de ses faveurs, et leur obéissance n'avait en fait qu'un modeste mérite ; c'est le cas de Noé (voir p. 33).

Avec Abraham, le face à face de Dieu et de l'homme revêt une tout autre ampleur, comme si l'humanité était sortie de l'enfance. Dieu ne s'exprime plus seulement par des châtiments ou des secours. Il prononce des exigences, d'une rigueur d'abord incompréhensible : *"Quitte ton pays, tes parents, la maison de ton père, pour le pays que je t'indiquerai."*

Adam savait pourquoi il était chassé du paradis, et Noé pourquoi il devait s'enfermer dans une arche. Abraham, lui, ignore le sens de ses pérégrinations et leur but. Il obéit à l'appel de Dieu, sans aucun autre calcul. Dans le cœur d'Abraham est inscrit, avant de l'être sur les Tables de Moïse (p. 33), le premier commandement : *"Tu aimeras ton Dieu de tout ton cœur, de toute ton âme et de toute ta pensée."*
Dans la Bible, Abraham est le premier que Dieu met à l'épreuve, le poussant dans ses derniers retranchements.

Plus tard, Dieu demandera, à Abraham de lui sacrifier son fils, pour éprouver sa foi. Voyant qu'Abraham lui obéit, il arrêtera son geste.

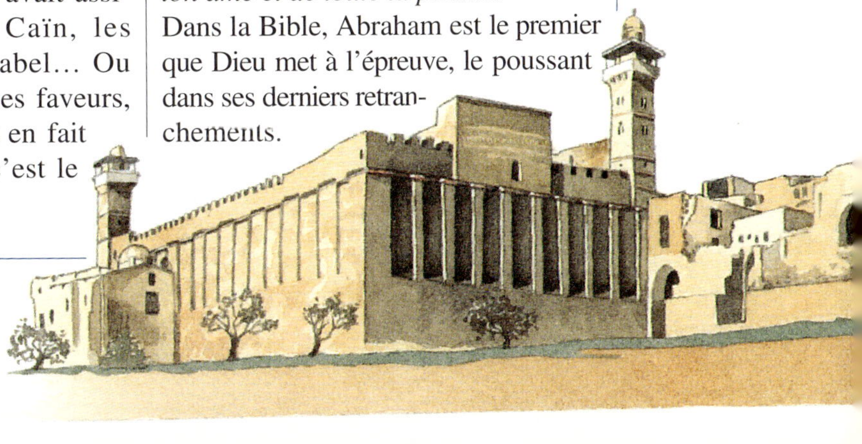

Dans ce sanctuaire, à droite, élevé audessus de la grotte où fut ensevelie Sarah, près d'Hébron, reposent aussi Abraham, son fils Isaac et son petit-fils Jacob.

Statuettes d'orants, en albâtre, aux yeux incrustés de lapis-lazulis, provenant de Mésopotamie (l'actuel Irak), du début du IIIe millénaire.

"Louez l'Eternel.
Il est seul digne de louanges."
Prière juive

La naissance d'un dieu unique

Ci-contre, la statue du dieu (à gauche) vénéré dans un petit temple d'Hazor (Canaan), du XIVe s. av. J.-C., accompagné de stèles *votives* (qui marquent la formulation ou la réalisation d'un vœu).

Nous ne connaissons pas de civilisation du désert qui ait résisté au polythéisme (p. 36) des anciennes sociétés agraires, sauf une : celle des Hébreux. Ces derniers ont professé et maintenu, grâce à leurs prophètes, le culte d'un dieu unique.

Une religion originale et robuste

Cela tient beaucoup au nomadisme des Hébreux, qui ne peuvent lier leur piété à des sites ou à des objets immobiles : arbres, rochers, sources, voire à des villes, comme en Chaldée, où chaque cité a son dieu tutélaire.

Ce qui a pour effet que, faute de lieu, Dieu se manifeste dans le temps, et sa fidélité devient un de ses attributs essentiels. Il est un interlocuteur personnel, capable de paroles, d'initiatives, de colère, de pardon…

Le seul et vrai Dieu

Il est aussi inconnaissable. Rien ici-bas ne peut le représenter, son nom est imprononçable. Il dépasse les spécialités des autres divinités. Lui est universel. Tout l'univers est son œuvre. Il n'est pas le Dieu des juifs, il est le Dieu de tous.

L'élevage était une des activités principales du peuple hébreux nomade, et particulièrement des patriarches tels qu'Abraham. (D'après une fresque égyptienne du XIVe s. av. J.-C.)